PROJET

DE

RÉFORME ÉLECTORALE

ET PÉTITION QUI EN EXPOSE LES MOTIFS,

Adressés, le 24 Décembre 1845,

A Messieurs les Pairs de France,

ET A

Messieurs les Membres de la Chambre des Députés,

PAR M. ESCOFFIER,

ANCIEN NOTAIRE A MIRIBEL (AIN).

Ce projet et cette pétition sont suivis de quelques autres observations et considérations qui sont à l'appui du mode électoral proposé.

LA CROIX-ROUSSE,

IMPRIMERIE ET LITHOGRAPHIE DE TH. LÉPAGNEZ,

Petite rue de Cuire, 2.

1846.

PROJET DE RÉFORME ÉLECTORALE,

OU

PRINCIPALES BASES D'UN NOUVEAU MODE ÉLECTORAL POUR LA NOMINATION DES CONSEILLERS MUNICIPAUX, DES CONSEILLERS D'ARRONDISSEMENT, DES MEMBRES DES CONSEILS GÉNÉRAUX, ET DES MEMBRES DE LA CHAMBRE DES DÉPUTÉS.

Élections Communales.

ARTICLE PREMIER. Dans toutes les communes, il y aura lieu, tous les trois ans au moins, à procéder à deux sortes d'élections.

La première, pour nommer des délégués dont les droits seront ci-après définis.

La seconde, pour désigner des candidats pour la nomination des conseillers municipaux.

Il sera aussi procédé à une troisième élection dans toutes les villes ayant chambre ou tribunal de commerce.

ART. 2. Dans chaque commune ou ville, le nombre des délégués est fixé à raison d'un par 300 âmes de population.

Lorsque, toutefois néanmoins, une commune n'aura pas cette population de 300 âmes, elle aura cependant un délégué.

Le nombre des candidats sera double de celui des membres du conseil à nommer.

Et le nombre des notables commerçants est et demeure fixé à raison d'un par cinquante électeurs. Ces notables seront élus parmi le quart des plus imposés d'entre eux.

ART. 3. Les délégués de chaque commune la représenteront aux élections des membres du Conseil général et du conseiller d'arrondissement et à celles des députés de la première catégorie.

Les notables commerçants représenteront la ville qui les aura élus aux nominations des membres de la Chambre de commerce, des juges consulaires et du Député de la troisième catégorie.

ART. 4. Tous les habitants d'une commune ou ville, imposés aux contributions personnelle et mobilière et les payant, âgés de 21 ans accomplis et jouissant de leurs droits civils et politiques, concourront aux élections des délégués de cette commune et à celles des candidats pour la nomination des membres du Conseil municipal.

Dans chaque ville où il y aura lieu à procéder à l'élection de notables commerçants, cette élection sera faite par les négociants et commerçants seulement.

ART. 5. Dans toute commune, les délégués seront pris parmi les citoyens domiciliés, les plus imposés au rôle de la commune, en nombre quadruple de celui de ces délégués :

Parmi les habitants qui payeront en impositions directes, tant sur ladite commune qu'ailleurs, une somme égale ou plus forte à celle payée par le dernier imposé dans le nombre quadruple ci-dessus fixé.

Parmi les citoyens de la commune qualifiés dans le n° 3 de l'article premier de la loi du 19 avril 1831 sur les élections des Députés; les notaires, les avoués, les magistrats civils et judiciaires.

Et parmi les citoyens compris sur la deuxième liste du jury; les greffiers des cours royales, des tribunaux civils et de commerce, ceux des justices de paix, tous nommés par le Roi.

Sous la condition que les citoyens compris dans ce paragraphe paieront au moins, en impositions directes, la moitié du minimum fixé par le paragraphe 2 du présent article.

Art. 6. Les candidats aux Conseils municipaux seront pris dans chaque commune parmi :

Les habitants les plus imposés sur la commune. Le nombre de ces plus imposés sera quadruple de celui des membres du Conseil municipal et de celui des délégués de la commune.

Les citoyens qui paieront en impositions directes, tant sur ladite commune qu'autre part, la quotité d'impôt payée par le dernier inscrit sur la liste des plus imposés dont il est parlé au paragraphe précédent.

Les citoyens qualifiés au n° 2 de l'article 11 de la loi du 21 mars 1831 sur l'organisation municipale.

Et les greffiers de justice de paix nommés par le Roi.

Art. 7. Dans les communes rurales importantes qui ont des hameaux éloignés du siége de la municipalité, il pourra être nommé, dans chacun d'eux, s'il a une population de 200 âmes, un adjoint qui sera chargé spécialement de la police du lieu.

Élections des Membres des Conseils généraux et des Conseillers d'arrondissement.

Art. 8. Les conseillers d'arrondissements et les membres des Conseils généraux seront nommés par les délégués des communes qui font partie du canton électoral.

Chambre des Députés.

Sa composition, et Nomination de ses Membres.

Art. 9. La chambre des Députés est composée de quatre catégories.

La première, pour représenter la grande masse de la population.

La seconde, pour représenter la grande propriété et l'agriculture.

La troisième, pour représenter le commerce et l'industrie.

Et la quatrième, pour représenter la religion catholique qui est celle de la majorité des Français, ses ministres et l'enseignement public.

Art. 10. Pour élire ces Députés, chaque catégorie a ses électeurs.

Ceux de la première sont les délégués des communes.

Ceux de la deuxième sont les habitants les plus imposés dans chaque canton, pris un à raison de 3,000 âmes.

Ceux de la troisième, les notables commerçants élus dans les villes où il y a une chambre de commerce.

Et ceux de la quatrième, les archevêques, les évêques, les vicaires-généraux, etc.

Art. 11. Pour être électeur, il faut être âgé de 25 ans et jouir de ses droits civils et politiques.

Art. 12. Pour être élu Député de la première catégorie, il faut payer 1,500 fr. de contributions.

Pour être élu Député de la deuxième catégorie, il faut en payer 1,000.

Pour être élu Député de la troisième catégorie, il faut en payer 2,000 fr.

Les taux des cens ci-dessus fixés pour l'éligibilité des Députés de ces trois catégories seront réduits d'un quart en faveur des présidents et conseillers à la Cour de cassation, des présidents et conseillers à la Cour des comptes, des conseillers d'Etat, des Maires nommés par le Roi, des membres des Conseils-généraux, des conseillers d'arrondissements, des présidents et conseillers des Cours royales, des présidents et juges des Tribunaux civils et de commerce, des membres des Chambres de commerce.

Et pour être élu Député de la quatrième catégorie, il faut payer seulement 600 fr. de contribution.

Art. 13. Les Députés des première et deuxième catégories ne pourront être pris que parmi les citoyens ayant leurs domiciles dans les départements qui les éliront.

Art. 14. Les Députés de la première catégorie seront nommés dans chaque département, à raison d'un par 100,000 âmes de population, par les délégués des communes.

Les élections de ces Députés seront faites au chef-lieu du département ou dans toute autre ville plus centrale.

Art. 15. La deuxième catégorie nommera un Député dans l'étendue du ressort de chaque Cour royale. Ce Député sera nommé par les propriétaires les plus imposés, dans chaque canton, à raison d'un par 3,000 âmes.

Art. 16. Chaque ville où il existe une Chambre de commerce enverra un Député à la Chambre, qui sera nommé par les notables commerçants.

Art. 17. Dans la circonscription de chaque archevêché, des évêchés qui en ressortissent, il sera nommé un Député par l'archevêque, les évêques ses suffrageants, les vicaires-généraux, les curés de canton, les recteurs et professeurs des Académies, et les membres composant les Facultés de belles-lettres, etc.

Dispositions diverses.

Art. 18. Nul citoyen ne pourra être porté sur deux listes comme électeur, à moins qu'il ne soit délégué d'une commune et que sa position sociale lui donne aussi droit de suffrage.

Art. 19. Tout électeur sera tenu de se rendre aux élections des Députés pour donner son suffrage, à moins d'empêchements légitimes et dûment constatés et justifiés, sous peine d'être rayé de la liste électorale.

Tenant son droit du suffrage de ses concitoyens ou de sa position sociale, il ne sera tenu, pour exprimer son vote, à prêter d'autre serment que celui d'être bon citoyen français, et d'obéir à la Charte constitutionnelle et aux lois du royaume.

Art. 20. Les fonctions de Député seront incompatibles avec les fonctions ou emplois du Gouvernement salariés et qui sont révocables.

Art. 21. Les Députés exprimeront publiquement leur vote à la Chambre.

Art. 22. Si, par suite de décès ou de perte de droits civils et politiques, une commune est privée d'un ou de plusieurs de ses délégués, ils seront remplacés de droit, en cas d'élection de Députés, par le plus ou les plus imposés de la commune, qui ne seraient pas eux-mêmes électeurs.

Art. 23. Les dispositions de la loi du 21 mars 1831, sur l'organisation municipale; celles de la loi du 19 avril même année, sur les élections des membres de la Chambre des Députés, et celles de la loi du 22 juin 1833, sur l'organisation des membres des Conseils-généraux et des conseillers d'arrondissement, non contraires à celle du présent projet, continueront de recevoir leur exécution.

MIRIBEL (Ain), le 24 Décembre 1845.

A MESSIEURS LES MEMBRES DE LA CHAMBRE DES DÉPUTÉS (1).

MESSIEURS LES DÉPUTÉS,

Les publicistes, les organes de la presse indépendante et tous les hommes éclairés, sont unanimes aujourd'hui pour reconnaître que les lois sur les élections des conseillers municipaux, des membres des Conseils-généraux et des conseillers d'arrondissement, et sur celles des élections des membres de la Chambre des Députés, sont vicieuses, défectueuses, et ne répondent pas à l'attente du plus grand nombre des citoyens; partant tous en demandent la réforme ou la modification, sans indiquer sur quelles bases elle doit avoir lieu.

La loi sur les élections municipales est vicieuse, parce qu'au lieu de faire concourir tous les habitants d'une commune à ces élections, elle n'y en appelle qu'un très petit nombre, qui n'est même pas dans la même proportion dans toutes les communes. Ceux qui sont appelés à ces élections sont à la fois électeurs et éligibles. Aussi dans quarante-neuf communes sur cinquante, tous les habitants portés sur la liste électorale, se croyant tous plus capables les uns que les autres d'exercer les fonctions municipales, il arrive souvent que des hommes moins qu'aisés, sans instruction, sans intelligence et quelquefois sans considération, sont élus, à la grande surprise de leurs concitoyens, à ces fonctions. Cet état de choses a été la cause que dans beaucoup de localités le gouvernement s'est trouvé embarrassé pour pouvoir choisir des Maires et des Adjoints capables de bien administrer les communes dans l'intérêt des habitants et de la société. Cet inconvénient, qui est une conséquence en quelque sorte forcée du mode électoral qui nous régit, ne se présentera plus, si la nomination des conseillers municipaux a lieu sur une liste double de candidats, par la principale raison que le plus grand nombre d'habitants, ne pouvant être nommés eux-mêmes, éliront les hommes les plus notables, les plus capables et les plus dignes.

La loi sur la nomination des membres des Conseils-généraux et des conseillers d'arrondissement est vicieuse, parce que le nombre des électeurs n'est pas basé sur la population, par le motif aussi que tous les citoyens n'y concourent pas, enfin par la raison que les communes n'y sont pas toutes représentées en proportion de leur population.

La loi sur les élections des Députés est mauvaise, par le motif qu'il n'y a que quelques citoyens qui participent à ces élections, et que la Chambre, telle qu'elle est maintenant composée, ne représente pas tous les intérêts des citoyens.

(1) Une semblable pétition, moins le dernier paragraphe, a été adressée le même jour ainsi que le projet qui l'accompagne, à Messieurs les Pairs de France.

Si, pour l'exercice et la défense de leurs intérêts civils et privés les Français sont égaux devant la loi, par une conséquence naturelle tous les citoyens aussi doivent avoir la faculté d'exercer d'une manière égale les différents droits électoraux qui les intéressent. Cette conséquence découle à la fois de la saine raison et de la Charte constitutionnelle. En effet, ce pacte fondamental dispose par son article 30 que les membres de la Chambre des Députés seront élus par des colléges électoraux organisés par des lois; et par son art. 69, n. 7, que les institutions départementales et municipales seront fondées sur un système électif.

Ainsi le système électif pour la nomination des Députés, pour celle des administrateurs des départements et des arrondissements, et pour la nomination des officiers des municipalités étant fondé et établi par la Charte, tous les citoyens intéressés à l'ordre par leur position doivent avoir un égal droit de participer à ces différentes élections; en conséquence il ne s'agit donc maintenant que de rechercher le mode qui assure à chacun son droit de suffrage.

C'est dans cette vue et dans cette intention que j'ai médité et rédigé le projet de réforme que j'ai l'honneur, messieurs les Députés, de soumettre à votre délibération. Ce projet qui est ci-joint, attribuant d'une manière juste, équitable et raisonnable la part que chaque citoyen doit prendre aux élections de son pays, vous le fera prendre en considération.

Pour le formuler, j'ai considéré, 1° que tout citoyen doit avoir droit de concourir à la nomination des conseillers municipaux de la commune qu'il habite; 2° que toute commune faisant partie d'un arrondissement, d'un département, et par suite de la France, a intérêt à la prospérité de cet arrondissement, de ce département et à celle de la nation; 3° que tous les habitants d'une commune doivent aussi avoir le droit de participer à l'élection du membre du Conseil général et du conseiller d'arrondissement, et à celle des Députés nommés dans leur localité; que ces mêmes habitants ne pouvant, les uns, c'est le plus grand nombre, à cause de leur peu d'aisance, les autres à cause de leur peu de connaissance, exercer convenablement, dans l'intérêt de la communauté, les fonctions de conseillers municipaux, ces conseillers devront être élus parmi les plus riches, les plus notables et les plus dignes d'entre eux; 4° que chaque commune doit être représentée suivant sa population, dans toutes les élections, par l'intermédiaire de ses délégués; 5° que ces délégués, qui seront élus par tous les habitants, devront présenter des garanties suffisantes à la société; 6° que tous les citoyens concourant aux élections de leur pays, l'exercice de leurs droits électoraux doit être réglé d'une manière sage et raisonnable, suivant la position de chacun; 7° que les conseillers municipaux, de même que les délégués des communes, doivent être pris parmi les habitants les plus aisés de chaque localité; 8° enfin que pour avoir le droit de donner un suffrage il faut être imposé à la contribution personnelle et mobilière.

Ainsi d'après la réforme que je propose, tous les citoyens d'une commune, payant les contributions personnelle et mobilière, auront un égal droit pour désigner les candidats parmi lesquels le gouvernement choisira leurs conseillers municipaux, les maires et adjoints, et pour élire les délégués qui devront représenter cette commune aux élections du membre du Conseil-général, du conseiller d'arrondissement et à celles des Députés.

Ce projet crée quatre catégories de Députés, ce qui fera que la Chambre aura à peu près le même nombre de représentants qu'elle a en ce moment. Il m'a semblé que dans l'intérêt général de la nation, qui est un état libre, il serait convenable que toutes les classes de la société fussent représentées en proportion de leurs intérêts.

Vous ne devez pas perdre de vue, messieurs les Députés, 1° que c'est le peuple, mais le peuple intéressé à l'ordre, qui enverra le plus grand nombre de Députés à la Chambre, nombre qui sera de 350 si la France a une population de 35 millions d'habitants; 2° et que la plus petite commune du royaume aura un délégué pour participer pour elle aux élections du membre du Conseil-général, du conseiller d'arrondissement et à celles des Députés, qui se feront dans sa localité; avantage qu'elle n'a pas toujours actuellement, puisqu'il est reconnu qu'il y a beaucoup de communes assez importantes par leur population et leurs richesses qui n'ont point aujourd'hui d'électeurs, tandis que d'autres en ont hors de proportion.

A l'avenir, pour avoir droit de participer à l'élection de la plus grande partie des Députés, il ne suffira pas de payer 200 fr. et même plus de contributions. Le mode proposé en exige moins; mais en revanche, il veut que le citoyen qui représentera cette commune comme délégué tienne ce droit du suffrage de ses concitoyens. Les habitants d'une commune sont à même, par leurs relations journalières, de pouvoir apprécier les hommes qu'ils devront honorer de leur confiance. Vous le savez, Messieurs, une contribution de 200 f. et davantage ne donne pas toujours à celui qui la paie l'intelligence ou la capacité, la probité et la moralité, qualités nécessaires à un citoyen pour faire un bon électeur. Un délégué, payant contribution lui-même, et étant nommé par des citoyens qui en paient aussi, représentera presque toujours une somme d'impôts beaucoup plus élevée que celle payée maintenant par un électeur.

En faisant les élections des première et deuxième catégories de Députés en un seul collége dans chaque département ou ressort de Cour royale, on évitera l'intérêt et l'influence de localité, presque toujours nuisibles au bien général, qui doit passer avant tout. Les électeurs de ces deux catégories étant confondus par département ou par ressort de Cour royale, seront, pour ainsi dire, obligés de s'entendre pour faire de bons choix. Ils mettront les médiocrités de côté pour ne porter leurs suffrages que sur des hommes éminents.

En élevant le cens pour l'éligibilité des Députés les électeurs seront dans la nécessité, dans chaque collége, de choisir des hommes riches qui, par cette raison, seront indépendants du pouvoir, surtout ne pouvant pas remplir, pendant leur mandat, des fonctions ou emplois salariés révocables.

Par ce mode d'élection on ne pourra plus prêter à tort ou à raison au gouvernement du Roi de fausser les élections en augmentant ou diminuant le nombre des électeurs, suivant qu'il les croit favorables ou opposés à son système gouvernemental, et ce en faisant augmenter ou diminuer les impositions mobilières ou de patentes de ces électeurs.

Les électeurs pour la nomination des Députés seront réduits de plus de moitié, et cependant ainsi réduits, ils représenteront réellement presque toute la population et au moins les quatre cinquièmes des contributions payées en France, tandis que les électeurs actuels ne représentent qu'eux-mêmes, et qu'ils paient à peine un quinzième des impôts directs.

Avant de formuler mon projet de réforme, une idée m'a dominé, celle de savoir s'il ne serait pas convenable de prendre les délégués des communes parmi les citoyens payant au moins 200 fr. de contributions. Mais après avoir mûrement réfléchi, je l'ai abondonné pour m'en tenir à la base que j'ai adoptée. J'ai été déterminé à le faire ainsi par deux motifs : le premier fondé sur ce qu'il y a un grand nombre de communes qui ont peu de citoyens payant ce taux d'impositions, et un assez grand nombre aussi qui n'en ont point ; le deuxième, par la raison que la base que j'ai prise donne beaucoup plus de latitude aux citoyens pour faire leur choix. A l'appui de ce que j'avance, je ne crois pas hors de propos de vous faire remarquer qu'un homme payant 200 f. de contributions foncières dans une localité est souvent moins riche que celui qui en paie seulement 150 dans une autre.

Dans le cas où vous penseriez, Messieurs, que le nombre de 350 Députés nommés par les délégues des communes, ne serait pas suffisant, il pourrait être facilement augmenté de 70, en prenant pour base de la nomination de chacun une population de 80,000 âmes au lieu de 100,000 fixée par mon projet. Cette augmentation en porterait le nombre total à 420.

La Chambre des Députés, composée seulement de cette catégorie, si elle ne représentait pas mieux les intérêts de tous les Français, serait plus en harmonie avec l'esprit de la Charte, qui a sans doute voulu que tous les citoyens concourussent aux élections.

Des élections faites d'après les bases indiquées par mon projet de réforme, seront toujours la vraie expression du peuple français.

Les communes, les cantons et les départements auront des électeurs en proportion de leur population. Cette proportion sera la même dans toute la France, et les droits électoraux des citoyens seront réglés et assurés d'une manière raisonnable, suivant la position de chacun d'eux.

Si le mode électoral que je propose est adopté, il mettra fin au monopole. Quoique essentiellement populaire, il présentera à l'Etat et à la société toutes les garanties désirables par les raisons suivantes ; savoir : la première, parce que les conseilles municipaux des communes ne pourront être pris que parmi des hommes aisés, élus par leurs concitoyens, tous intéressés à l'ordre ; la deuxième, que les électeurs que j'appelle délégués ou notables, seront des hommes pris parmi les plus imposés de leur localité, et honorés des suffrages de leurs pairs ; et la troisième, que les Députés des trois premières catégories ne pourront être élus que dans les classes de citoyens riches, ordinairement instruits et éclairés.

La réforme que je demande, étant dans l'intérêt de tous les citoyens, obtiendra, j'en ai l'espérance, l'approbation de tous les hommes consciencieux quelle que soit leur opinion, qui veulent avant toute autre chose le bonheur et la prospérité de la nation.

Le changement que l'adoption de ce projet, si elle a lieu, amènera dans la position de quelques-uns d'entre vous, ne sera pas un obstacle a ce que vous preniez cette réforme en considération. Hommes de bien dévoués à votre pays, vous saurez faire le sacrifice de votre intérêt particulier.

Agréez le profond respect avec lequel j'ai l'honneur d'être, messieurs les Députés,

Votre très hunble et obéissant serviteur,

ESCOFFIER.

P. S. Je crois qu'on pourrait sans inconvénient admettre les étrangers à voter dans les élections municipales.

Je porte à la connaissance de mes amis, de mes concitoyens et de mes connaissances, un projet et une pétition sur la réforme électorale que j'ai adressés le 24 de ce mois à MM. les Pairs de France et à MM. les membres de la Chambre des Députés.

En leur faisant cette communication, je crois devoir l'accompagner de quelques nouvelles observations, considérations et explications qui viennent à l'appui du projet que j'ai formulé. Les voici:

La réforme que je propose règle d'une manière égale pour tous les citoyens suivant leurs positions sociales, et quelles que soient leurs opinions politiques et leurs manières de penser, leurs droits électoraux.

Je ne crains pas de le dire, il a toujours été dans ma conviction comme dans ma pensée, de croire qu'il est de l'intérêt de tous les habitants d'une commune d'être administrés par ceux d'entr'eux qui sont les plus dignes par leurs capacités, leurs moralités et leurs fortunes, et de croire aussi qu'il est de l'intérêt de tous les citoyens et de la France, que la Chambre des Députés soit composée d'hommes animés du bien général à la fois vertueux, capables et riches.

Pour exprimer toute ma pensée, je crois que c'est l'aristocratie nommée par la démocratie, c'est-à-dire, par la grande majorité des citoyens les moins imposés, qui doit être à la tête de l'administration municipale et de la représentation nationale à la Chambre des Députés. Une administration et une représentation telles que je les conçois assureront la tranquillité et la prospérité de la France.

Le peuple, j'entends ici, par ce mot, les deux tiers au moins des citoyens les moins imposés dans chaque commune, a beaucoup d'amis et de défenseurs dans la classe élevée de la société et des gens fortunés. Que dans chaque localité il les honore de son suffrage, il pourra compter sur un avenir heureux. Par le mode électoral que je propose, s'il est adopté, il aura une grande latitude pour élire des hommes dignes de sa confiance. Le moment des illusions est passé. Les évènements politiques qui se sont succédés depuis 40 ans ont dû le mettre à même de connaître les hommes haut placés dans la société, qui sont ou ne sont pas ses partisans. Il doit savoir aujourd'hui qu'il est des hommes d'honneur, de conscience et de bien, dans toutes les opinions.

Avant d'arrêter les bases de mon projet de réforme, plusieurs autres modes d'élections se sont présentés à ma pensée.

Savoir pour les élections municipales, deux; le premier, qui admettrait tous les habitants à nommer directement les conseillers municipaux; et le deuxième, qui ferait trois divisions d'habitants égales en nombre et formés d'après les impositions de chacun, lesquelles divisions nommeraient chacune le même nombre de conseillers.

J'ai rejeté le premier mode, par la raison que le plus grand nombre d'habitants étant ceux qui ont le moins d'intérêt à la chose commune, pourrait suivant l'impulsion qui leur serait donnée, ne nommer que des hommes qui ne présenteraient pas assez de garanties pour les intérêts généraux de la commune. J'ai rejeté l'autre mode parce qu'il établirait trois classes d'habitants, et par conséquent, trois espèces d'intérêts souvent opposés entr'eux, ce qui serait une cause de scission dans la commune.

Pour l'élection des membres de la Chambre des Députés, le mode qui s'est naturellement présenté à ma pensée est celui qui admettrait, 1° tous les citoyens à voter directement pour la nomination des représentants; 2° que tout citoyen fût éligible à la députation; 3° et qu'une indemnité fût accordée à chaque Député.

Quant au suffrage direct pour la nomination des Députés, je le regarde sinon comme impossible, au moins comme très difficile dans son application. En effet, ce mode d'élection outre le grave inconvénient qu'il pourrait avoir de réunir, sur un même point, une masse de citoyens, ce qui serait une confusion, occasionnerait des déplacements et une dépense à chacun d'eux. L'inconvénient que je signale, celui du déplacement et de la dépense, n'aurait pas lieu avec le mode que je propose, pour le très grand nombre de citoyens, puisqu'ils voteraient dans leurs communes, mais seulement ce qui ne peut pas être autrement pour les délégués, qui, en supposant qu'un département ait une population de 300,000 âmes, ne seraient que de 1,000.

Pour ce qui regarde l'éligibilité de tout citoyen à la députation, dans ma manière de voir, je la crois mauvaise et dangereuse.

Et par rapport à l'indemnité à accorder à un Député : cette indemnité serait-elle de 6,000 et même de 10,000 fr., somme qui serait nécessaire pour qu'un Député pût vivre honorablement à Paris, pendant la durée d'une session, ne donnerait pas à ce Député assez d'indépendance et de considération.

D'un autre côté, il ne serait pas de la dignité des Députés d'être indemnisés; la considération publique doit être leur seule récompense.

La France possède assez de citoyens capables, riches et éminents, pour n'avoir pas besoin de prendre ses Députés parmi les hommes sans fortune.

Une Chambre qui ne serait composée que de citoyens salariés et non fortunés serait une assemblée de muets, semblable à celle qui existait sous l'Empire, sous la dénomination de Corps législatif, qui ne fit de l'opposition au Gouvernement d'alors qu'au moment de sa chute.

Des représentants sans fortune, à moins d'être d'une vertu à toute épreuve, pourraient se laisser corrompre par un mauvais ministère qui a toujours des moyens de corruption à sa disposition.

J'ai dit que les citoyens auraient une grande latitude pour choisir les candidats pour la nomination des conseillers municipaux et les délégués; je vais le démontrer par deux exemples :

Dans une commune d'une population de 2,500 âmes, ils choisiront ces candidats parmi les 116 habitants les plus imposés, les capacités, et quelques autres habitants aussi imposés, et les 8 délégués parmi les 32 habitants les plus imposés, les capacités et quelques autres citoyens imposés.

Dans une ville de 100,000 âmes, ils choisiront ces candidats parmi les 1,492 habitants les plus imposés, et les capacités; et les 333 délégués parmi les 1,332 habitants les plus imposés, les capacités, etc.

D'après la loi qui régit actuellement les élections municipales, une commune de 100,000 âmes a pour électeurs censitaires, qui sont éligibles, 3,300 citoyens et quelques autres habitants qualifiés au n° 2 de l'article 11 de cette loi.

Ainsi, il n'y a maintenant que ces 3,300 électeurs et quelques autres citoyens qui concourent à ces élections, tandis que d'après mon projet tous y participeront, mais ils ne pourront élire les candidats que parmi les 1,492 habitants les plus imposés et quelques autres.

La France, ayant une population de 35 millions d'habitants, aurait 116,667 électeurs ou délégués pour nommer les Députés de la première catégorie.

Mon mode d'élection n'est pas une utopie. Il est fondé sur le droit naturel, le bon sens, l'équité et la raison. En le soumettant aux deux Chambres, je n'ai eu qu'un seul but, celui d'être utile à mon pays.

Miribel, le 27 décembre 1845.

ESCOFFIER.

www.ingramcontent.com/pod-product-compliance
Lightning Source LLC
LaVergne TN
LVHW010341230826
846091LV00009B/3986